AF406561

Mixité fonctionnelle et forme urbaine

Cas d'étude : la reconversion de l'entrepôt Macdonald

Islem FOURA

CIP a Camerei Naționale a Cărții

Foura, Islem. Mixité fonctionnelle et forme urbaine : Cas d'étude : la reconversion de l'entrepôt Macdonald / Islem Foura. – Chișinău : Generis Publishing, 2020 (Print on demand). – 65 p. : fig.
Referințe bibliogr.: p. 59-61 și în subsol.

ISBN 978-9975-154-51-2.

725.35:711.4

F 84

Cover image: www.pixabay.con

Generis Publishing

Online orders: www.generis-publishing.com
Orders by email: info@generis-publishing.com

1.   CADRE METHODOLOGIQUE

1.1.   PROBLEMATIQUE ET OBJECTIFS DU MEMOIRE

Depuis quelques années, plusieurs critiques sont émises vis-à-vis de la ville contemporaine, notamment de son zonage hérité de la théorie de l'urbanisme moderne, qui a crée des entités monofonctionnelles. Comme réponse, la mixité fonctionnelle est proposée comme remède et fait l'objet de multiples débats scientifiques et politiques. Même si le débat reste ouvert, une prise de position en faveur de la mixité transparaît dans les divers textes législatifs en France et en Europe.

Néanmoins, tous les praticiens qui se sont confronté à la mixité fonctionnelle s'accordent à dire que cette notion manque encore de clarté et sa mise en œuvre reste difficile. En effet, en plus de l'absence de définition précise dans les différents textes de loi qui la mentionnent; la mixité fonctionnelle ne fait l'objet d'aucun objectif chiffré et n'est jamais associée à une échelle de références. On se retrouve ainsi avec une notion pouvant concerner des territoires de nature très différente, allant de l'ensemble de logements sociaux aux friches industrielles, en passant par des quartiers de ville.

Cette ambiguïté relative à la notion de mixité fonctionnelle, tant sur le plan conceptuel que pratique, nous incite à investir, plus dans le détail, cette thématique dans ce travail de recherche, afin de mieux comprendre cette notion. En s'appuyant sur les approches de différents acteurs (décideurs, investisseurs et aménageurs), et en confrontant ces approches, on essaiera d'affiner la notion de mixité fonctionnelle qu'on présentera et expliquera, de manière aussi claire et précise que possible, dans ce travail de mémoire.

Afin de mieux appréhender cette notion, notre travail s'inscrira dans un territoire qui présente un cas d'étude concret; le projet de reconversion de l'entrepôt Macdonald dans le 19ème arrondissement de Paris. Ce projet fait partie d'une vaste opération de renouvellement urbain initiée par la Mairie de Paris; opération elle-même inscrite dans un projet plus global du Grand Paris.

Ce projet concerne un bâtiment témoin de l'époque des années 1970, où la théorie de zonage s'exprime largement. Au départ bâtiment monofonctionnel, se trouve transformé en un quartier mixte, où les logements, les activités commerciales et les activités économiques cohabitent dans la même structure. De la sorte, le projet de reconversion de l'entrepôt Macdonald apparaît comme un exemple typique illustrant la notion de mixité fonctionnelle et sa mise en œuvre à plusieurs échelles ; l'échelle du bâtiment lui-même, et celle de son environnement immédiat qu'est le quartier

A partir de la recherche bibliographique, nous avons pu poser les questionnements principaux dans ce mémoire. Ces questionnements sont divers et touchent aussi bien au sens de la notion de mixité fonctionnelle qu'à ses objectifs et ses outils ; quelles sont les formes de cette mixité fonctionnelle ? Et que fait-on «concrètement» lorsqu'on déclare promouvoir ou mettre en œuvre la mixité fonctionnelle ? Quels sont les principes qui pourraient justifier la recherche d'une diversité d'activités. Quelles sont les stratégies de planification territoriale et d'aménagement urbain qui cherchent à passer d'un mode d'organisation spatiale spécialisé à une organisation mixte? Quelles sont les imbrications programmatiques à favoriser? Et finalement, quels sont les freins à la mise en œuvre de la mixité fonctionnelle?

A partir de cet ensemble de questionnements, et au vu de notre cas d'étude, on se concentrera, dans ce travail, à tenter de répondre à la problématique suivante: comment la mixité fonctionnelle a été recherchée dans le projet de reconversion de l'entrepôt Macdonald? Et plus spécifiquement, comment l'équilibre nécessaire entre les différentes fonctions, que sont l'habitat, le commerce et l'activité économique, a été défini et réalisé?

I.1.   HYPOTHESES

La mixité désigne une action, celle de mélanger, d'imbriquer et non pas de juxtaposer simplement par secteurs de programme. Mélanger les plages d'activités des différents programmes au sein du même bâtiment permet de créer une réelle cohésion, la mixité au sein d'un même bâtiment est la promesse de succès d'une opération visant à la mixité fonctionnelle

Créer la mixité fonctionnelle au sein d'un quartier et d'en faire ainsi un espace dynamique, vivant, et propice à la rencontre. Organiser les différentes fonctions de la mixité fonctionnelle par secteur de programme sans forcement les mélanger, est la solution la plus adaptée pour répondre aux enjeux de complexité de ce concept

I.2.   METHODOLOGIE ET ORGANISATION DU MEMOIRE :

Dans notre recherche, et afin d'apporter les réponses aux questionnements précédemment émis, on adoptera une démarche claire qui repose sur deux parties; une conceptuelle et théorique, et l'autre s'intéressant au cas d'étude.

La première partie sera divisée en deux chapitres ; le premier chapitre du mémoire sera dédié au cadrage méthodologique du mémoire. On exposera notre problématique et les questionnements qui en découlent, ainsi que et les outils et les données mobilisés.

Le deuxième chapitre sera consacré à la notion de mixité fonctionnelle à partir de l'expérience des acteurs de la ville impliqués dans cette problématique. Le but est de comprendre comment les chercheurs et les praticiens appréhendent cette question, et la variété de définitions et d'approches qui en ressortent. Pour ce faire, on s'appuiera sur des données de nature diverses (ouvrages généraux, des rapports réalisés par des agences d'urbanisme public, comptes rendus de conférence, blogs spécialisés), ces données mobilisées traitent la question de la mixité fonctionnelle à travers un nombre d'entretiens réalisés avec les acteurs de la mixité fonctionnelle, que sont les pouvoirs publics, les investisseurs immobiliers, les aménageurs.

Dans la deuxième partie du mémoire, on s'intéressera au cas d'étude en essayant d'analyser le projet afin de comprendre comment les acteurs ont répondu aux enjeux du site, en se focalisant particulièrement sur l'aspect de la mixité fonctionnelle.

Dans un premier chapitre on procédera a une description du site, cette dernière vise à connaître la composition fonctionnelle de l'environnement de l'entrepôt Macdonald, des sorties de terrain ont été effectué. A cet effet, on a réalisé un repérage de la nature des fonctions de l'environnement proche de l'entrepôt Macdonald. Les données collectées sur le terrain seront complétées par ceux de l'INSEE et la ville de Paris. Ces données concernent l'environnement lointain du projet, les résultats de cette démarche seront traduit par une carte réalisée sur Le adobe Ulistrator;

Dans le deuxième chapitre, une analyse du contexte territorial de la reconversion de l'entrepôt Macdonald sera réalisée, elle vise à mettre la lumière sur les objectifs des actions menées dans le GPRU Paris Nord Est, on s'intéressera à la place de la mixité fonctionnelle dans cette opération de renouvellement urbain.

Les données mobilisés dans cette analyse été principalement les documents graphiques du projet à savoir le plan de masse du GPRU Paris Nord Est, une carte a été réalisée sur la base de ce dernier. Cette carte vise à montrer l'approche de la mixité fonctionnelle qui a été adopté et la manière dont a été adapté par rapport aux enjeux du site ainsi que les imbrications des programmes qui ont été favorisés.

Afin de mieux comprendre le processus par lequel la mixité fonctionnelle a été introduite lors de la reconversion de l'entrepôt Macdonald, on s'est penché sur les différentes actions menées par les pouvoirs publics, qu'on tracera dans un troisième chapitre. L'objectif était de préciser le cadrage conceptuel de la mixité fonctionnelle lors de la phase de planification et les principaux freins qui s'opposent à cette notion.

On va s'appuyer dans ce chapitre sur les documents d'urbanisme et principalement sur le plan local d'urbanisme, à travers ce dernier on a essayé de connaître les orientations de la ville de Paris en termes de mixité fonctionnelle et repérer les freins juridiques qui s'opposent à la mise en œuvre de la mixité fonctionnelle dans la reconversion de l'entrepôt Macdonald, on s'appuiera aussi sur le témoignage de Jean-Pierre CAFFET sénateur et conseiller de Paris, il nous explique dans la revue *Les Cahiers de la chaire Immobilière et Développement Durable* comment ces blocages juridiques ont été dépassé

Un entretien a été prévu avec Mr Pascal BRAS directeur en chef de projet urbain. Faute de pouvoir le réaliser, il a été remplacé par un questionnaire qui lui a été envoyé par mail, qui permet d'interroger la manière avec laquelle le programme a été planifié et celle avec lequel l'équilibre entre les fonctions a été recherché.

dans un quatrième chapitre, on va questionner la forme spatiale dans laquelle la mixité fonctionnelle a été traduit dans l'entrepôt Macdonald, une phase préliminaire a consisté en une visite guidée du site dans le but de mieux s'approprier ses problématiques, comprendre ses enjeux et «vivre» ses espaces conçus pour les différents programmes. Cette sortie de terrain s'est soldée par la réalisation d'un reportage photos, la visite a été guidée par Mr Vincent HERETIER, représentant de l'aménageur du quartier SEMAVIP, et avec le concours de l'Association des habitants du 19ème arrondissement.

Dans cette analyse on s'est appuyé sur les données graphiques du projet a savoir le plan de masse et les plans d'aménagement du projet, l'obtention des plans était un vrai défi vue la confidentialité de ces documents. Pour cela on ne peut pas les présenter dans ce mémoire, des schémas ont été réalisés pour expliquer le contenue des plans.

L'étude du plan de masse de l'entrepôt Macdonald, va nous permettre la création du schéma directeur de l'organisation du projet, l'objectif de ce schéma est de comprendre la répartition des programmes. Les schémas ont été réalisés sous Autocad et Adobe Ulistrator

Afin de comprendre comment les aménageurs ont traduit les orientations de la ville de Paris sur le terrain tout en répondant aux enjeux du site. Un entretien a été réalisé avec Mr Vincent HERETIER suivant une grille d'entretien élaborée au préalable, l'entretien a été réalisé au cours de la visite du chantier de l'entrepôt Macdonald. Dans cet entretien on a suivi deux méthodes dans un premiers temps, l'entretien était non directif. Notre interlocuteur nous a apporté des explications d'ordre général sur le projet. L'intérêt de cette méthode est d'avoir le maximum d'information possible sur l'entrepôt Macdonald. La deuxième partie de l'entretien été semi directif, suite a l'intervention de Mr Héritier, on a posées des questions qui visaient à mettre la lumière sur le principe de répartition des fonctions, le choix de la forme urbaine adoptés dans la reconversion de l'entrepôt Macdonald et les différents freins qui se sont opposées à la mise en œuvre de la mixité fonctionnelle.

Vue l'importance du rôle de l'architecte dans la mise en œuvre de la mixité fonctionnelle, on a tenté de contacter à plusieurs reprises l'architecte Floris Alkemende pour effectuer un entretien, mais nos tentatives ont échouées. On a essayé de palier l'absence de cet entretien par une recherche documentaire, on a aussi visé dans cette recherche des articles de presse , notre choix s'est porté sur un entretien donnée au magazine TRACEES de mars 2013 , dans ce dernier il justifie ces choix en termes de mixité fonctionnelle dans la reconversion de l'entrepôt Macdonald

Ce travail de recherche à pour finalité d'apporter des éléments de réponse à la problématique posée; à savoir l'échelle de la mixité fonctionnelle et les formes urbaines adoptées, leurs limites et   les pistes prospectives pour solutionner ou dépasser certains blocages. On synthétisera ces résultats dans la conclusion du mémoire.

Dans ce travail de recherche on a rencontré deux difficultés majeures, la première difficulté est liée à l'aspect confidentiel des plans de la reconversion de l'entrepôt Macdonald. On a trouvé aussi des difficultés à établir des liens avec certains acteurs par exemple l'architecte du projet qui réside à Rotterdam

2. <u>CADRE THEORIQUE</u>

2.1. DEFFINITION DE LA MIXITE FONCTIONNELLE

La mixité fonctionnelle est une notion floue. Le terme s'applique en effet à des territoires (îlot, quartier, agglomération…) et à des situations urbaines très diverses (grand ensemble, friches, extension urbaine…). De plus il n'existe pas à ce jour de critères pour mesurer la mixité fonctionnelle. «En France, la promotion par l'état d'une politique de mixité fonctionnelle ne s'accompagne ni d'un travail de définition, ni de la construction d'indices qui permettraient aux collectivités territoriales de se fixer des objectifs précis à atteindre, en fonction d'un équilibre de référence » (Van de Walle et al, 2007).

Le concept de mixité fonctionnelle fait, depuis quelque temps, l'objet de multiples prises de position, La question de la mixité reste un thème passionnel que ce soit dans le milieu de la recherche ou dans les milieux professionnels. Le thème de la mixité fonctionnelle apparaît comme une constante du discours publics, elle est présentée comme un remède à l'urbanisme monofonctionnelle, Cette dénonciation de la spécialisation fonctionnelle des espaces urbains s'est certes longtemps appuyée sur une certaine nostalgie de la ville ancienne qui ferait de la mixité la caractéristique de la ville en opposition à l'urbain « sans qualité ».

La mixité fonctionnelle n'est pas une valeur en soi prônée pour elle-même, elle est censée participer à la mise en œuvre de deux grandes causes; le développement durable et l'égalité entre les citoyens, auxquelles peut s'ajouter une troisième, le renforcement des centralités. Les formes de la mixité fonctionnelle relevant proprement de l'aménagement. Elles peuvent être appelées sélectivement ou cumulativement par le porteur de projet.

La création des quartiers fonctionnellement mixte vise à limiter les déplacements (les pollutions et les émissions de gaz à effet de serre), elle est perçue par les acteurs de la ville comme une idée des distances acceptables entre un individu et certaines activités récurrentes. Cela ne veut pas dire que tous ces éléments doivent être présents dans tous les quartiers, mais que dans un rayon raisonnable, chaque citoyen puisse y avoir accès. En effet, la mixité fonctionnelle, principe intuitif, appliqué dans tous les quartiers durables, consiste à mélanger les activités auxquelles ont recours les usagers d'un quartier lorsqu'ils s'y trouvent que ce soit en tant qu'habitant ou en tant que chaland (IAU, 2011), Christian CLERET directeur général de Poste Immo, filiale du groupe La Poste, dans *« Les Cahiers de la chaire Immobilier et Développement Durable »* (2014), *nous* explique l'intérêt de rapprocher les lieux de résidence des lieux de travail *« rapprocher l'ensemble des fonctions urbaine et faire en sorte qu'en décédant de son immeuble, plutôt que de déboucher sur une dalle surdimensionnée dans un espace in appropriable, on trouve par exemple des cafés , des restaurants , une conciergerie, une salle de fitness ouverte le jour à l'entreprise et le soir au habitants du quartier, cela donne le sentiment de vivre dans la cité et de bénéficier d'un ensemble de service de proximité. Le schéma est donc gagnant-gagnant entre l'utilisateur de l'immeuble et le quartier»* .

La mixité fonctionnelle est donc considérer comme une solution au « spatial mismatch », que l'on traduira par « mauvais appariement spatial », et ses implications sur le marché du travail ont suscité un très grand intérêt. Le concept de désajustement entre lieu de résidence et localisation des emplois est apparu dans l'article fondateur de Kain (1968), qui montre les effets néfastes de ce phénomène en termes de chômage urbain et de pauvreté. De nombreuses études ont dès lors tenté d'évaluer la relation négative entre distance aux emplois et opportunités sur le marché du travail, particulièrement pour les minorités ethniques. Dans le contexte des villes américaines, où les emplois ont été décentralisés et où les travailleurs noirs ont continué à résider au centre des villes, il a été montré que la distance à l'emploi constituait une des principales variables explicatives du taux de chômage élevé et des salaires faibles observés parmi les travailleurs noirs américains. Il faut préciser que la distance aux emplois n'est pas nécessairement une distance physique mesurée en termes de kilomètres mais plutôt une distance mesurée en temps de transport. Les modes de transport utilisés pour se rendre sur leur lieu de travail par le groupe majoritaire et les minorités ethniques se révèlent très différents : le premier groupe se déplaçant en voiture alors que les minorités ethniques ont plutôt tendance à utiliser les transports en commun. Les coûts de transport (coûts monétaires et temporels) pour ces derniers sont d'autant plus élevés si les infrastructures en termes de transport public sont faibles ou mal aménagées. Les contraintes de transfert augmentent non seulement le temps de transport moyen, mais également sa variabilité (CAVACO S, 2013). A noter tout de même que si la création ou le maintien de commerces et de services à proximité des lieux d'habitation peut réduire les besoins en déplacements des résidents, il y a rarement adéquation entre les emplois proposés, la qualification des résidents du quartier et la recherche d'un nouvel emploi.

La mixité fonctionnelle est présentée aussi désormais comme une réponse aux questions urbaines contemporaines, tel que la régénération économique. Dans une optique de réduction des inégalités territoriales, cet objectif vise plus particulièrement les quartiers en renouvellement urbain, en effet la mixité fonctionnelle est le plus souvent introduite dans l'existant pour le redynamiser. D'anciens quartiers d'affaires totalement dépourvus d'habitat seront revitalisés par l'introduction de quelques unités d'habitat et de commerce. Par exemple, des locaux situés en rez-de-chaussée seront destinés aux activités commerciales, artisanales ou de service, avec pour conséquence un trottoir immédiatement plus animé. François ASCHER, Grand prix de l'urbanisme 2009, dans son ouvrage Métapolis ou l'avenir des villes, de 1995, explique comment la mixité fonctionnelle répond a l'enjeu de la régénération économique « *l'intérêt majeur est de créer une animation et une « intensité » urbaines qui rendent possible la présence de commerces et d'équipements publics là où des mono fonctionnalités ne le permettraient pas. Des réglementations urbaines incitatives, en particulier des coefficients des sols alternatifs, c'est à dire différents selon les fonctions, peuvent favoriser ce type de mixité fonctionnelle »*

La mixité fonctionnelle a été souvent mentionné dans les politiques publics comme un moyen de renforcement des centralités urbaines fragiles, la polarisation du développement urbain, qu'il s'agisse des villes-centres et banlieues fragilisées par la désindustrialisation, des villes-dortoirs du périurbain qui s'émancipent difficilement de leur mono-fonctionnalité résidentielle ou des bourgs ruraux, soit qu'ils sont affectés par la dépopulation, soit qu'ils sont rattrapés par les modes de vie périurbains. Cet objectif relèverait à la fois d'une dimension sociale avec la recherche d'une « ville vivante » par la mise en œuvre d'une « ville intense » et d'une dimension économique, la concentration des activités économiques entretenant l'attractivité de la ville. Les auteurs du Credoc soulignent que des objectifs aussi différents, de par leur origine conceptuelle, appellent probablement des réponses distinctes (IAU, 2011). Selon Marianne THOMANN de l'université de Lausanne dans la conférence organisée par la ville de Strasbourg, *les éco-quartiers pour transformer la ville,* de 2010 : « *La mixité fonctionnelle apporte une certaine qualité de vie. Elle évite la vacuité caractéristique des espaces tertiaires ou industriels après les heures de travail, durant la journée. En permettant une vie plus ou moins continuelle des lieux, elle assure également un sentiment de sécurité.* »

2.2. CADRE JURIDIQUE DE LA MIXITE FONCTIONNELLE

La mixité fonctionnelle est considérée comme un but urbanistique qui s'oppose au découpage du territoire en zones différenciées selon leurs fonctions, qui a caractérisé la planification urbaine de l'après-guerre. Cette pratique de zonage correspond aux principes énoncés par la Charte d'Athènes, rédigée par le CIAM de 1933 et publiée en 1943, censée permettre d'améliorer les conditions d'existence dans la ville moderne, en distinguant notamment quatre grandes fonctions humaines : habiter, travailler, se divertir et circuler. La mixité fonctionnelle s'entend alors d'une « répartition équilibrée des différentes fonctions urbaines à l'intérieur d'une agglomération en tenant compte des facteurs sociaux et économiques (habitat social, habitat privé, activités économiques, commerces, équipements…), par opposition à la spécialisation urbaine » (VAD, 2008)

La Charte du *New Urbanism* de 1996 plaide en faveur de la densité et de la mixité des fonctions (indissociable de la mixité sociale). Ce courant s'est développé aux Etats-Unis dans les années 80-90 pour proposer de réaménager des quartiers suburbains sur la base des principes de compacité, de circulation piétonne et de mixité des usages

En Europe, On la retrouve dans les Accords de Bristol qui, dès 2005, stipulaient que des « quartiers durables » (*sustainable communities*) devaient offrir la possibilité du développement d'une mixité des usages (*mixed-use development*) ou la Charte d'Aalborg incitant à «[…] assurer une utilisation mixte des constructions et des zones aménagées, et un bon équilibre entre emplois, logements et services… » (PUCA, 2011)

En France, La notion de la mixité fonctionnelle a été mentionnée dans les textes de loi. Jean Perre Palisse, directeur général adjoint de l'Institut d'Aménagement et d'Urbanisme de l'Ile-De-France (IAU IDF) et directeur du département Urbanisme, Aménagement et Territoires, nous expose les principales lois qui font référence a cette notion : *« On en trouve les prémices dans la Loi d'orientation foncière (LOF) de 1967 … Par la suite la loi relative à la création des agglomérations nouvelles de 1970 préconise l'équilibre par la diversité des fonctions. On retrouve ensuite dans les OPAH (circulaire de 1977) le souci du maintien des services de voisinage, dans la circulaire Habitat et Vie Sociale du 4 août 1980 un souci des cadre et condition de vie, d'emploi et de formation dans les grands ensembles. Enfin la loi du 7 janvier 1983 créant les PLH, confirmée et amplifiée par la LOV de 1991, consacre la notion qui n'a pas encore pris le sens de mixité sociale qu'elle a de nos jours… Par la suite on la retrouve dans loi d'orientation et de programmation pour la ville et la rénovation urbaine (loi Borloo) de 2003. Elle est inscrite dans le code de l'urbanisme (ART. L 121-1 : « Les SCOT, PLU et cartes communales déterminant les conditions permettant d'assurer (…) la diversité des fonctions urbaines »* (IAU, 2009).

2.3. LA MIXITE FONCTIONNELLE A TRAVERS LA LITTERATURE ECONOMIQUE

Le concept de la mixité fonctionnelle apparaît aujourd'hui plus adapté à une ville où les activités économiques sont dominées par les activités tertiaires. Ce thème est mobilisé pour renforcer l'attractivité des investissements dans le secteur du logement par rapport à celle des investissements dans le secteur d'activité, et aussi quand il s'agit de contribuer à la revitalisation économique de certaines zones résidentielles et où l'implantation de nouvelles entreprises et la création de nouveaux emplois pour les habitants de ces zones doivent être incitées. La recherche de la mixité est liée à la quête d'une fonction économique diversifiée et d'environnements multiculturels et multifonctionnels. (HALLAL I ,2007)

Un rapide aperçu de la littérature économique écrite depuis ces trente dernières années permet de distinguer deux types de travaux portant de façon plus ou moins explicite sur la mixité fonctionnelle :

Les travaux d'économie territoriale, qui analysent les liens entre territoire et développement économique à partir de l'étude des régions industrielles. Débutée avec l'étude du succès de la Troisième Italie dans les années 1970, cette série de travaux réactualise les écrits de Marshall sur les districts industriels (MARSHAL A ,1980). Elle sera prolongée par la théorie des clusters développée par Porter à partir des années 1990.

Les travaux de modélisation économique, qui s'interrogent sur l'impact respectif de la diversité et de la spécialisation sur la croissance économique urbaine. Il s'agit de vérifier empiriquement la réalité de la notion d'externalités de spécialisation théorisée par Marshall et celle d'externalités de diversité développée par Jacobs en 1969. (BEHAR D, ESTEBE P, 2013)

Si la question de la diversité économique est doublement étudiée, bien que la porosité entre ces deux séries de travaux reste assez limitée, ce n'est pas le cas de la question de la mixité fonctionnelle. De fait, notre recherche bibliographique ne nous a pas permis d'identifier des travaux économiques portant sur la mixité des fonctions urbaine. Les analyses s'en rapprochant le plus sont celles qui portent sur la notion d'attractivité, mais à chaque fois le concept d'aménité territoriale prime sur celui de mixité fonctionnelle ; ces aménités pouvant être aussi hétérogènes que la tolérance (Florida 2003), le climat (Glaeser 2005) ou les infrastructures de loisirs (Clark et al. 2002).

2.4. ECHELLE DE LA MIXITE FONCTIONNELLE

La multifonctionnalité est un concept relatif dépendant de la manière dont nous définissons l'espace et sa variation spatiale dépendra de l'échelle utilisée. La mixité du centre ville n'est pas la même que la mixité de l'espace périurbain. Jadis, plus on s'éloignait du centre-ville, plus le degré de mixité était faible. Cette règle simple est aujourd'hui prise de plus en plus en défaut, en raison de la diversification des espaces périphériques et de la spécialisation des espaces centraux autour de fonctions administratives et de loisir. Le choix de l'échelle est déterminant pour observer la mixité : toute ville est mixte, les quartiers le sont un peu moins, les immeubles très rarement. Il est important de tenir compte de ce changement d'échelle pour le développement des territoires : au départ c'est à l'échelle des agglomérations que seront traitées les questions d'aménagement urbain et c'est aussi à cette échelle que peut être mise en œuvre une véritable relation entre planification urbaine et développement durable. Mais l'analyse de la mixité n'est pertinente que sur des surfaces restreintes : à l'échelle de la programmation urbaine, de la planification opérationnelle d'un quartier. Les débats sur la mixité des fonctions urbaines doivent donc porter sur la structure de l'agglomération (niveau régional) sur la morphologie urbaine (niveau local) et même jusqu'à l'échelle du bâtiment. Au niveau local, le tissu urbain apparaît à un niveau de détail qui permet de percevoir les rues, la taille des îlots, les bâtiments alors qu'a l'échelle régionale la forme urbaine ne peut être perçue que d'une manière plus générale. De plus, les documents actuels de planification ne tiennent pas compte de la troisième et la quatrième dimension. En effet, lorsque nous mesurons la mixité dans des secteurs urbains denses tels que les centres ville, il est important de prendre en compte la mixité verticale (3D) où les activités peuvent s'organiser verticalement sur une seule parcelle. L'intensité de ces activités peut également varier en fonction de l'échelle temporelle (4D). Un secteur peut être occupé plus intensivement s'il y a des activités durant toute la journée. Nous retrouvons des exemples où les centres éducatifs occupent une autre fonction durant la soirée ou le week-end pour intensifier au maximum le lieu urbain. La mixité temporelle permet d'éviter les situations de quartiers résidentiels presque vides dans la journée ou, à l'inverse, de quartiers qui se vident le soir du fait d'un trop petit nombre d'habitants. Une répartition harmonieuse des habitants et des emplois est un facteur de qualité de vie. (VINCENT et TELLER ,2011)

2.5. FORME DE LA MIXITE FONCTIONNELLE

2.5.1. *L'IMMEUBLE MIXTE*

L'immeuble mixte constitue l'exercice le plus difficile à réaliser en matière de mixité fonctionnelle. Cette mixité est plus fréquente dans certains pays, avec d'excellents exemples dans les pays anglo-saxons, aux Pays-Bas et dans les pays nordiques. C'est justement la mixité réelle et notamment dans l'immeuble vertical.

Dans les années 1960-1970, Les méga structures étaient l'interprétation spatiale de la mixité vertical. Des réalisations importantes des années 1960-1970 ont beaucoup marqué l'imaginaire des architectes. En même temps, ces réalisations n'ont pas atteint le but pour lequel elles ont été pensées, ou n'ont pas réussi à répondre aux besoins des habitants, Parlons des Olympiades, du front de Seine, de Bobigny, d'Argenteuil, des villes nouvelles, Noisy-le-Grand, Evry. On sait aujourd'hui que les méga structures sont ingérables, qu'elles coûtent extrêmement cher à la puissance publique, dans la mesure où les propriétaires privés sont incapables d'assumer le coût de ces opérations.

Les réalisations d'aujourd'hui sont différentes, sans doute plus intelligentes. On ne reprend pas la coupe de monsieur Holley pour le front de Seine. A l'époque, les principes étaient : circuler, travailler, habiter au-dessus du sol. A l'inverse, aujourd'hui le stationnement est généralement situé en sous-sol et le sol de la ville est continu. On travaille au niveau du sol, on peut habiter dans les parties « verticales », mais du moins les cages d'ascenseur, les cages d'escalier descendent jusqu'à la rue, et ne s'arrêtent pas à la dalle. Il ne s'agit pas tout à fait d'un urbanisme de dalle. On retrouve une seule entité contenant plusieurs programmes : du logement social, du logement privé, un foyer de personnes âgées, etc., le tout sur un unique socle de parking. C'est une sorte de méga structure semi-enterrée. Cela produit un jardin suspendu, ou soyons clair un jardin sur dalle, qui est censé mutualiser des surfaces de jardins entre différents opérateurs. Mais le fait que le jardin devienne collectif pour ces différents opérateurs (bailleurs, propriétaires privés, etc.) n'est pas une évidence. (LUCAN J, 2012)

La mixité fonctionnelle au sein du même bâtiment est une façon contemporaine d'utiliser les travers de la ville que sont l'hyper consommation et l'hyper commercialisation, pour en faire une force : puisqu'on nous impose d'hyper-consommer, mélangeons au moins l'ensemble des fonctions pour que les plages d'activité du logement, des commerces, des bureaux, des restaurants se croisent et enrichissent le parcours urbain.

2.5.2. LE QUARTIER MIXTE

Cette mixité verticale est plus rare sur le marché français. La mixité fonctionnelle est rarissime à l'intérieur d'un même bâtiment en France, la forme de mixité la plus répondu en France est celle a l'échelle d'un quartier ou les macros-lots, elle n'était pas non plus la norme il y a encore une quinzaine d'années, de nos jours elle fait objet d'une demande très forte.

Un macro-lot, est un îlot dans lequel sont imbriqués des programmes différents. Le macro-lot le plus radical est celui où tous les éléments sont imbriqués, sans qu'aucun d'entre eux ne puisse être séparé de l'ensemble, où chaque élément fait partie, de façon organique, de l'ensemble, on voit apparaître l'idée que la forme de la ville contemporaine est une forme de ville faite avec des plots, c'est-à-dire des bâtiments séparés les uns des autres, les plots sont intrinsèques au quartier, puisqu'on y trouve des éléments verticaux sur des parcelles relativement petites ,un plot se définit par une cage d'escalier et d'ascenseurs, qui distribue un maximum de logements. Le désir du plot est de devenir une tour. Dans cette situation, on assiste à un principe de fractionnement du paysage. Et on peut se poser la question de savoir si ces plots apportent toujours le meilleur, en termes de qualité du logement. Il est très difficile, sur un plot, de faire en sorte que toutes les façades soient bien orientées. Sur l'opération de la ZAC Claude Bernard, on observe de gros plots, qui peuvent avoir deux cages d'escaliers, et qui font réapparaître des choses que l'on pensait définitivement disparue des typologies de logement : la courette. Ainsi, les pièces qui donnent sur ces courettes sont appelées bureaux (parce qu'on ne peut pas les appeler des chambres), mais à l'usage, ce seront des chambres. On fait aussi des bâtiments creusés au centre, pour laisser passer la lumière, avec des espèces d'œillères : dans ce cas, le logement du milieu est entre deux murs. Ces évolutions sont assez inquiétantes, en regard de la qualité du logement. Je ne suis pas certain qu'il y ait toujours progrès. (LUCAN J, 2012)

Philippe ZIVKOVIC Président du Directoire de *BNP Paribas Real Estate* dans *Les Cahiers de la chaire Immobilier et Développement Durable, de 2014* nous apporte son idée sur la mixité fonctionnelle pratiqué en France « *En France, je pense effectivement qu'il est plus simple de faire vivre cette mixité au sein d'un quartier. Nous savons très bien faire vivre bureaux et logements dans des immeubles séparés mais voisins, où chacun est chez lui, tout en croisant et en côtoyant les autres. C'est la tendance actuelle. BNP Paribas Real Estate a l'expérience de plusieurs quartiers mixtes, c'est-à-dire de grandes opérations comprenant immeubles de bureaux, immeubles de logements, résidences services, commerces et équipements. Les quartiers sont ainsi beaucoup plus vivants. Les populations « Cohabitent » dans les commerces, dans les équipements et dans les espaces partagés* »

2.6. LES FREINS DE LA MIXITE FONCTIONNELLE

Les différents exemples étudiés montrent que, même dans le cas de projets urbains intégrant complètement la notion de mixité fonctionnelle, les pouvoirs publics devront lever les oppositions spontanées de plusieurs acteurs :

• Les opérateurs immobiliers, qui y voient une source de complexification des programmes, de ralentissement de la définition du projet, voire de sa commercialisation ;

• Les entreprises en général, qui ne veulent pas prendre le risque de troubles du voisinage en étant trop proches des habitants, réflexe d'autant plus fort qu'il s'agit de quartiers réputés en difficultés;

• Les grandes entreprises en particulier qui souhaitent être facilement identifiées. Si les entreprises peuvent être sensibles à l'argument de la qualité de vie qu'offre pour leurs salariés la mixité fonctionnelle à l'échelle du quartier, il n'en va pas de même à l'échelle du bâtiment. Une entreprise qui investit dans un immeuble, parfois prestigieux, va craindre de limiter l'effet vitrine recherché en partageant l'espace qu'elle souhaitait initialement s'approprier seule.

• Les assureurs qui vendent des produits ne correspondant pas aux critères de la mixité fonctionnelle au sein d'un même bâtiment, notamment dans le neuf, ainsi que les notaires, dont les pratiques s'appliquent mal à la mixité fonctionnelle. Les découpes en volumes, dans un certain sens, freinent la mutabilité de bâtiments mixtes car elles impliquent des difficultés notariales nécessitant de clarifier les droits et responsabilités de chacun des copropriétaires dès la conception du projet.

Des freins liés à la rentabilité globale du projet et à sa conception :

• La mixité est dépendante de la rentabilité des investissements. Par exemple, la rentabilité des petites surfaces de moins de 1 000 m² répondant aux besoins de PME-PMI est faible, trop faible sur les secteurs où la charge foncière est. La demande pour ce genre de produit est aujourd'hui insatisfaite en zone dense d'Île-de-France. Sans intervention publique (garantie des loyers à niveau bas pendant quelques années par exemple) la réalisation de ce type de locaux semble impossible en petite couronne francilienne.

• Un projet fonctionnellement mixte trouve sa rentabilité dans un équilibre particulier entre des locaux permettant de réaliser une forte plus-value et d'autres moins intéressants financièrement pour les opérateurs. Si cet équilibre est remis en cause, le projet perd sa rentabilité tant qu'un nouvel équilibre financier n'est pas trouvé.

• Au niveau de la conception, la mixité fonctionnelle au sein d'un même bâtiment nécessite souvent d'avoir des accès séparés pour chaque fonction, ce qui diminue la surface des rez-de-chaussée et notamment des emprises commerciales. (IAU, 2014)

I. CAS D'ETUDE : LA RECONVERSION DE L'ENTREPOT MACDONALD   PARIS XIX ARRONDISSEMENT

1   PRESENTATION DE L'ENTREPOT MACDONALD

Figure 1 : L'entrepôt Macdonald (1910-1998) source : Franck BOUTTE[1]

L'entrepôt Macdonald, construit par la société de fret SNTR Calberson, œuvre de l'architecte Marcel Forest (1910-1998), spécialiste des grands bâtiments industriels a été achevé en 1970. Situé boulevard Macdonald, Paris 19ème, à deux pas de la Porte de la Chapelle, Son propre réseau de rampes, voies et quais en fait un bâtiment-infrastructure dédié à l'inter modalité rail-route. Implanté sur un terrain de 5,5 ha, d'une longueur exceptionnelle de 617 m, soit quasiment les dimensions de l'île Saint-Louis, le bâtiment offre 131 000 m² utiles sur trois niveaux, l'entrepôt Macdonald présente un intérêt patrimonial certain en raison de sa taille exceptionnelle ; la rigueur de son ossature de béton ; le dessin de sa façade et l'originalité des planchers champignons alvéolaires qui témoignent d'une époque

---

et d'une ambition de son insertion dans les réseaux et sa vocation à accueillir des circulations lourdes.

La seconde vie de l'entrepôt Macdonald avait d'ailleurs été imaginée dès sa conception, comme l'explique l'architecte Marcel Forest en 1969 ; du fait de la servitude imposée par la Ville de Paris d'une future construction pouvant comporter trois autres niveaux et non encore définie, et pour que celle-ci puisse conserver son indépendance architecturale, Le maître d'ouvrage et son architecte ont donc pris, dans le contexte pourtant si différent des années 1960 , une décision de développement durable dont les fruits se récoltent aujourd'hui. Quelles que soient les mesures à prendre pour assurer les performances énergétiques voulues, l'économie de matières premières de travaux de démolition et de transport rend le bilan environnemental de la reconversion très supérieur à celui d'une construction neuve . (SEMAVIP ,2008)

Figure 2 : Photos aériennes de l'entrepôt Macdonald source : Franck BOUTTE[2]

___

[2] Consultable sur http://franck-boutte.com/?p=800

On ne saurait trouver meilleur exemple que l'opération Macdonald pour évoquer la reconstruction de la ville sur la ville et la production d'un tissu urbain dense et compact. C'est la première fois en France qu'un bâtiment industriel de cette taille – 130 000 m² existants – est transformé non pas en un grand équipement mais en un ensemble mixte associant logements, bureaux, activités, commerces et équipements publics.

1.1. PRESENTATION DU SITE

Figure 3 : environnement immédiat de l'entrepôt Macdonald
source : ville de paris « modifié par l'auteur »

L'entrepôt Macdonald situé sur le côté sud du boulevard Macdonald, dans le 19ème arrondissement de Paris L'extrémité du site est occupée par la blanchisserie des hôpitaux de Paris ; l'extrémité ouest par un édifice cylindrique, réalisé par l'architecte Ch. Queffelec, et qui abrite, entre autres, le Centre de Réception des Étrangers (C.R.E.). Ces deux constructions masquent les murs pignon et les rampes de l'entrepôt. Elles entravent ainsi la dimension territoriale du boulevard Macdonald, entre le canal Saint-Denis et la porte d'Aubervilliers. Au Sud, l'entrepôt se déforme légèrement en s'alignant sur les voies ferrées desservant le quai. L'intérêt du bâtiment est le rapport quasi homothétique qu'il entretient avec son terrain. Il est conçu pour dégager en son pourtour des vides lui permettant de fonctionner pour lui-même, sur lui-même, comme une entité autonome. L'entrepôt Ney le pendant de l'entrepôt Macdonald occupe quasiment l'intégralité du terrain situé le long du boulevard Ney et anciennement affecté à la chaudronnerie et aux produits chimiques de l'usine à gaz .

Figure 4 : L'entrepôt Ney source : ville de Paris[3]

Au sud de l'entrepôt Macdonald on trouve la cité Michelet, une cité HLM marqué par une forte densité bâtie (INSEE 2014) avec des tours disséminées dans des espaces libres mal aménagés et sans attrait et une concentration de ménages défavorisés. Elles connaissent, comme d'autres ensembles de cette importance, l'insécurité et la petite délinquance (INSEE 2014). Située en extrémité du tissu urbain constitué de Paris, elles profitent peu des équipements et commerces de l'arrondissement, exception faite des équipements de la Villette tout proches.

---

[3] Consultable sur : http://mwww.paris.fr/accueil/urbanisme/paris-nord-est-un-morceau-de-ville-dans-la-ville/rub_9650_actu_96693_port_23751

Figure 5 : Cité Michelet source : ville de Paris[3]

Au nord, on trouve la ZAC Claude Bernard qui préfigure la mutation du projet urbain Paris Nord-est. La diversité sociale et fonctionnelle,la création de liens nord / sud et d'espaces publics (aménagement des berges du canal, 4 ha d'espaces verts) parallèlement au développement d'une offre de transports (gare Rosa Parks, tramway), ce projet cherche a transformer ce secteur en un quartier attractif et .La programmation de ce projet a été planifiée en complémentarité avec la reconversion de l'entrepôt Macdonald, les 3000 salariés de la ZAC Claude Bernard trouveront eux dans la proximité de l'entrepôt Macdonald de nombreuses ressources du quotidien : restauration, services, équipements publics, commerces et service qu'il abrite.

Figure 6 : ZAC CLAUDE BERNARD Source : FOURA I

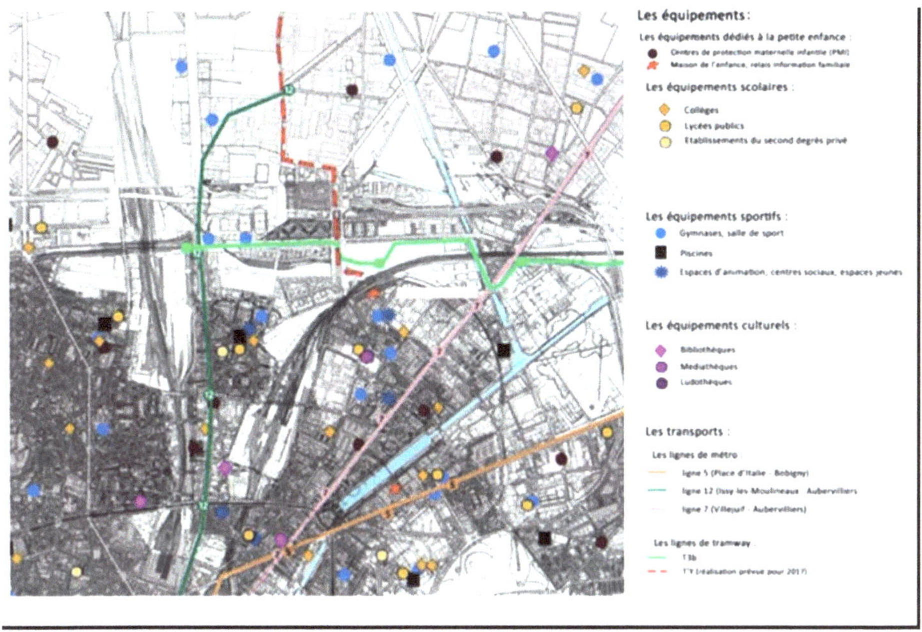

Figure 7 : Carte d'équipement et de transport a l'échelle de l'arrondissement

Cette carte démontre la nature des équipements existants sur le site de l'entrepôt Macdonald, le site étant une ancienne friche, il est dépourvu d'équipements. On constate à travers cette représentation que peu d'équipement existe dans le projet, malgré l'important nombre de logements qu'accueille le site, regroupés dans les HLM, la zone ne comprend pas de collège et encore moins de lycée. Le nombre des équipements sportifs reste insuffisant .Au niveau des transports à l'échelle locale, le site est uniquement desservie par des bus et la ligne de tramway T3b les voies de chemin de fer du réseau Paris Est

Le seul équipement culturel est la salle de cinéma qui se trouve juste en face de l'entrepôt Macdonald, mais on note que le site contient des équipements à caractère social tel qu'une maison d'enfance et des relais d'information familiale.

FIGURE 8 : Cinéma UGC Ciné Cité source : FOURA I, 2014

1. CONTEXTE TERRITORIAL DE LA RECONVERSION DE L'ENTREPOT MACDONALD

Figure 9 : Plan de situation du GPRU Paris Nord-est source : Mairie de Paris

La reconversion du projet Macdonald s'inscrit dans le projet global Paris Nord-Est, qui est le plus vaste secteur du Grand Projet de Renouvellement Urbain (GPRU) mené par la Ville de Paris. Depuis dix ans, celui-ci vise à améliorer les conditions et le cadre de vie de onze quartiers limitrophes de la capitale, L'entrepôt Macdonald représente, à lui seul, près de 15% des surfaces constructibles prévues à terme dans le périmètre. Il inclut tous les programmes caractéristiques de la mixité du GPRU et occupe une position pivot entre plusieurs secteurs opérationnels, notamment entre la ZAC Claude Bernard et les futurs quartiers des paris nord est

Le territoire de Grand Projet de Renouvellement Urbain (GPRU) "Paris Nord-est", au nord des 18ème et 19ème arrondissements, et ses grandes emprises évolutives constituent pour Paris un des enjeux majeurs en termes de renouvellement urbain et de cohésion sociale, de développement économique dans une logique de complémentarité avec les grands secteurs d'aménagement du Nord-Est Francilien, des gares du Nord et de l'Est au pôle de Roissy, dans un contexte où les opportunités foncières se raréfient. Sur ce périmètre, des actions de court terme destinées à améliorer les conditions de vie des habitants viendront s'articuler avec des opérations plus structurantes, dont la réalisation sera étalée dans le temps. Les objectifs du projet sont les suivantes (SEMAVIP 2008)

- Améliorer le cadre de vie : par la requalification et la mise en valeur de l'espace public (Portes de la Chapelle, d'Aubervilliers et de la Villette, boulevard des Maréchaux, rues de la Chapelle et d'Aubervilliers

- Désenclaver et favoriser l'ouverture du quartier : par l'amélioration de la desserte en transports en commun grâce à la prolongation de la ligne 12 du métro et la création d'un pôle d'échange situé au niveau de la future gare de RER E « Eole-Evangile » en correspondance avec le prolongement du tramway des Maréchaux et le tronçon sud du TRAM T3 en provenance de Saint-Denis ;

- Soutenir les activités économiques et commerciales : en favorisant le développement des activités par des projets d'aménagement dont la programmation permettra la création d'un grand nombre de locaux d'activités tout en assurant la mixité fonctionnelle au sein des quartiers, par le soutien à l'activité commerciale existante et la diversification de l'offre, Pour les utilisateurs extérieurs l'attractivité de l'entrepôt Macdonald se situera notamment dans l'offre d'équipement public comme de commerces et services qu'il abrite.

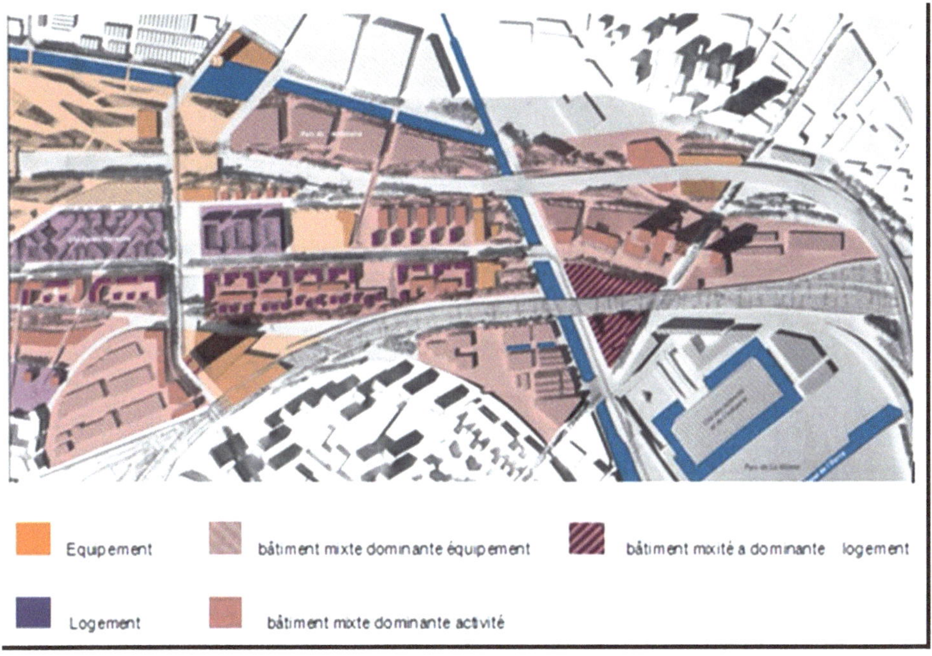

Figure 10 : carte de la mixité fonctionnelle dans le GPRU Paris Nord-Est
Source : Ville de paris « modifié par l'auteur »

Le projet du GPRU Paris Nord-est développe une approche expérimentale de la mixité, tant au niveau des implantations et des fonctions proposées sur l'ensemble du périmètre, qu'au sein d'un même bâtiment. Ces expérimentations laissent ouvertes les questions de liaison et de protection contre les nuisances (le long du périphérique, sur l'échangeur Chapelle ou les voies ferrées et emprises de fret). La recherche de mixité, de diversité des formes, d'objets ou des fonctions est innovante, à l'image de projets développés dans d'autres pays européens, mais il reste à trouver des applications concrètes, en particulier pour la constitution de quartiers. Le programme propose 600 000 m² de logement, accorde une grande part aux équipements publics sois 110.000 m², La surface proposée pour les activités économiques s'accorde peu avec l'ambition de faire du nord-est parisien un pôle économique sois 180 000m², et 80 000 m² de commerce.

2. LES ORIENTATIONS DE LA VILLE DE PARIS DANS LA RECONVERSION DE L'ENTREPOT MACDONALD

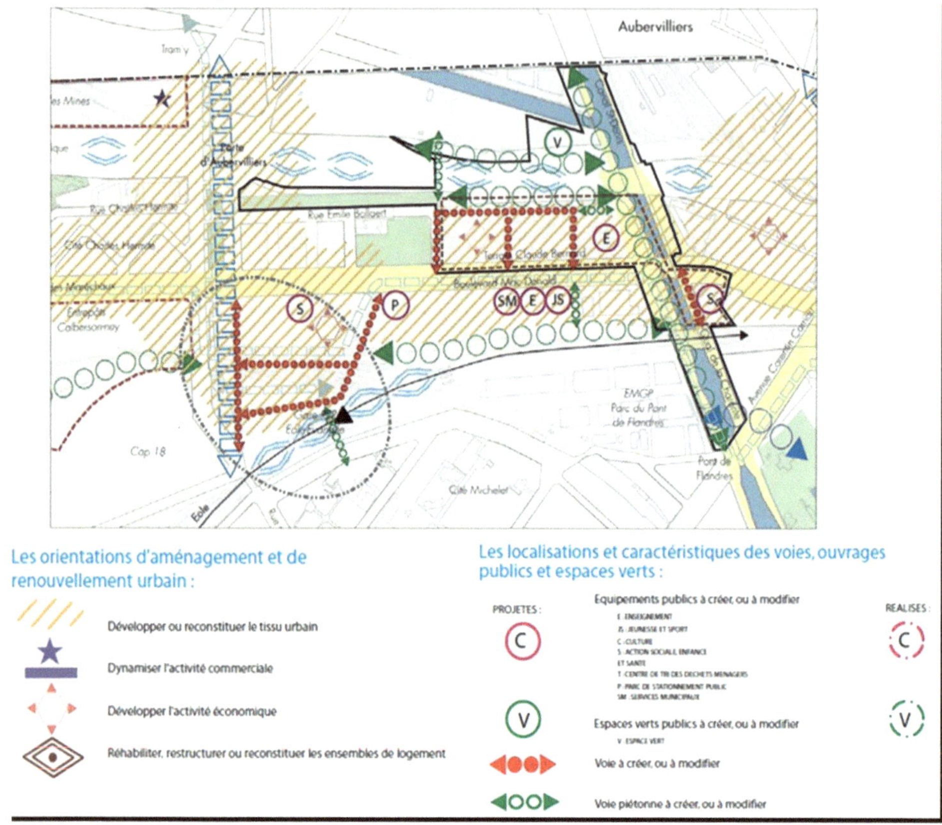

Figure 11 : Modification du PLU du 19ème arrondissement source : ville de paris [4]

Dans le projet de la reconversion de l'entrepôt Macdonald la ville de paris s'est donnée comme objectif de réaliser un programme qui s'inscrit dans le Plan local d'urbanisme déjà arrêtées par la Ville de Paris qui comprend des logements, commerces, bureaux et activités, et qui est fondée sur le principe de conservation de la majeure partie de l'entrepôt. Cependant le PLU contenait quelques freins qui s'opposaient à la réalisation du projet, il était nécessaire de modifier le PLU. La

---

[4] Consultable sur : http://www.paris.fr/pratique/urbanisme/documents-d-urbanisme-plu/p6576

ville de paris a inclus le projet au périmètre à dispositions particulières non soumises au COS afin de permettre la réalisation d'un projet dense. Ainsi, la hauteur des bâtiments pour la parcelle du projet a été revue a la hausse

Jean-Pierre CAFFET, sénateur et conseiller de Paris, nous explique, dans *Les Cahiers de la chaire Immobilier et Développement Durable* (2014), les modifications apportées au PLU afin de mettre en œuvre la mixité fonctionnelle. « *Le PLU dote les collectivités locales de deux instruments : d'abord le zonage – ce qui fait d'ailleurs du PLU et des leviers qu'il propose un héritage de l'urbanisme mono fonctionnelle, ensuite le coefficient d'occupation des soles (COS). C'est sur le COS que nous avons principalement joué lorsque nous avons modifié le PLU : justement pour introduire de la mixité fonctionnelle, nous avons repéré les territoires purement dévolus aux bureaux, sur lesquels nous avons introduit un COS différencié, offrant deux possibilité « COS 3 », avec une seule fonction ou « COS 3 dont 1 », qui laissait la possibilité d'une mixité fonctionnelle (deux-tiers de la surface du bâtiment occupés par une fonction, le dernier tiers une autre). Cette seconde option a fonctionné en deça de nos expérience ce qui n'est pas de la responsabilité de la ville mais bien des investisseurs, qui ont plébiscité la première option, moins complexe.* »

On peut voir a travers le discours du sénateur qu'il essaye de rejeter la responsabilité sur les investisseurs, on oublie ou on fait semblant d'oublier que les bâtiments à usage d'habitation et ceux accueillant le grand public ne sont pas soumis à la même réglementation ! Donc les choses sont compliquées, et on veut que les autres se compliquent la vie juste pour faire de la mixité!

Le PLH (plan local d'habitat) de la Ville de Paris, datant de mars 2011, est postérieur à la programmation de l'entrepôt Macdonald. Il identifie le projet comme opération lourde d'aménagement participant au potentiel foncier du XIXe arrondissement pour le développement de l'offre de logement. Donc il n'y voit qu'un potentiel pour l'habitat et non pour la mixité

Mr Pascal BRAS chef de projets urbain a la direction d'urbanisme à la mairie du 19ème arrondissement nous a apporté des explications concernant la programmation du projet. *« En ce qui concerne, le projet de reconversion des anciens entrepôts Macdonald porté par la SAS Paris Nord Est, le cadre général en matière de multifonctionnalité est fixé au travers des règle du PLU. Les orientations d'aménagement pour Paris Nord Est établissent ainsi pour ce secteur un taux minimum de logements de 40%, dont 50% de logements sociaux. Des études de commercialités ont été conduites pour définir l'importance et la nature des commerces qui pourraient être implantés dans ce bâtiment. En écho à la présence de programmes tertiaires dans le parc du Millénaire et dans la ZAC Claude Bernard voisine, cette reconversion a intégré également des bureaux afin de conforter le pôle tertiaire sur ce territoire. Outre, les règles liées au PLU et les études de faisabilités réalisées, la part relative des différents programmes résulte également d'une recherche d'un équilibre financier global de l'opération et d'une prise en compte de la dynamique des marchés de la construction. Enfin, l'importance de ce programme (1127 logements) a justifié la réalisation d'équipements publics, totalement ou partiellement dévolus à l'arrivée des nouveaux habitants dans ce quartier (une crèche 66 places, une école 12 classes, un collège 24 sections, un gymnase et un centre social).»*

3.1.   JEUX D'ACTEUR DE LA RECONVERSION DE L'ENTREPOT MACDONALD

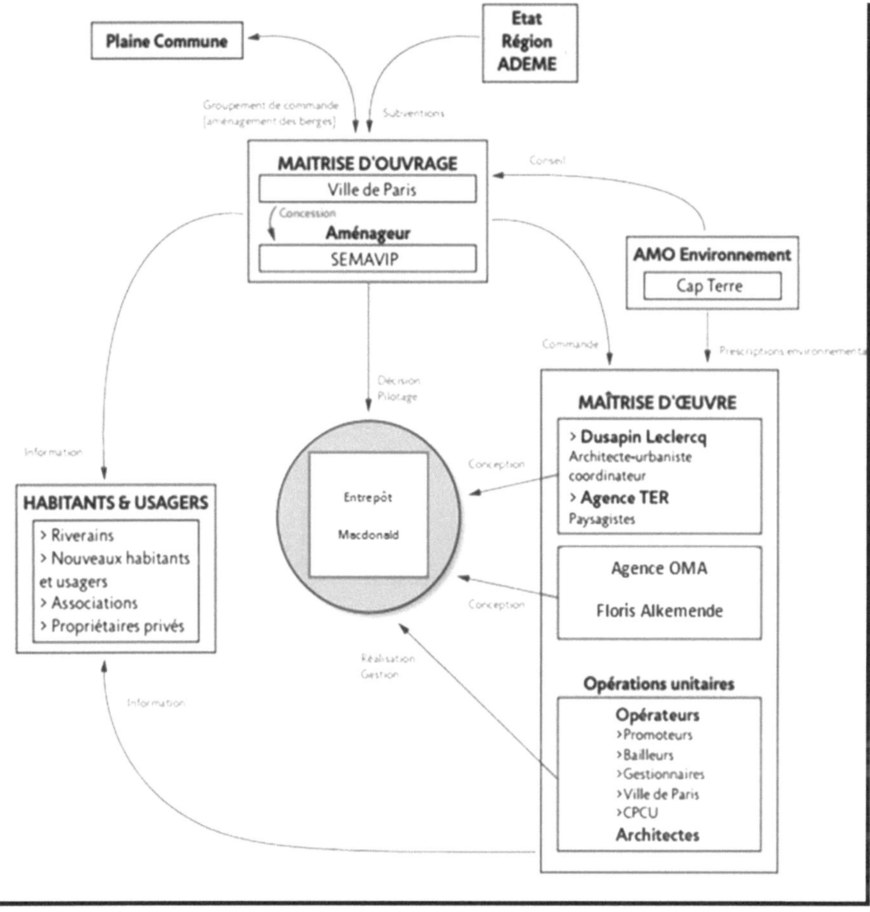

Figure 12 : Jeux d'acteur dans la reconversion de l'entrepôt Macdonald
SOURCE : FOURA I

À l'été 2006, la Sovafim (Société de valorisation des actifs ferroviaires immobiliers) met en vente l'entrepôt Macdonald. La perspective d'une acquisition par un nouvel opérateur logistique verrouillait l'avenir de ce territoire en rendant impossible toute transformation urbaine et en isolant les futurs habitants de la ZAC Claude Bernard. Dans des délais record et grâce à une convergence d'intérêts, partenaires publics et privés (la Caisse des Dépôts, Icade (Société Centrale

Immobilière de la Caisse des dépôts et consignations) et la Semavip) ont su se mobiliser pour répondre à cette opportunité. En quelques semaines, la Société par Actions Simplifiée (SAS) ParisNordEST a été créée et a pu acquérir l'entrepôt en décembre 2006.

En détenant 20% du capital de la nouvelle structure, la Semavip est le garant des objectifs de la Ville de Paris en matière de logement, d'équipements et d'emploi. Grâce à une gouvernance tripartite (les décisions sont prises à l'unanimité), cette forme nouvelle d'association permet de mutualiser les expertises tout en préservant les intérêts de chaque acteur : investissements sur certains programmes immobiliers pour la Caisse des Dépôts, accès à un foncier stratégique pour Icade et la transformation urbaine pour la Semavip.

La Semavip s'est vu confier l'aménagement du site, la coordination de l'ensemble des études urbaines et architecturales ainsi que la réalisation des travaux nécessaires à la commercialisation des programmes. Avec cette forme de partenariat, les conditions nécessaires à une mobilisation technique, financière et temporelle rare semblent avoir été réunies. En effet, en seulement un peu plus de quatre ans, soit entre décembre 2006 et 2011, la société a été fondée, l'entrepôt acheté, le projet arrêté, les maîtres d'œuvre désignés et la commercialisation menée à bien. Les travaux ont débuté en 2010 avec des livraisons prévues pour s'échelonner durant toute l'année 2013, ce délai avancer par les acteurs du projet n'a pas été respecter vue que le projet est encore inachevé, la Semavip annonce que le chantier s'est révélé plus compliqué que prévu : sols pollués au cyanure, présence d'amiante dans les soubassements du bâtiment, travaux supplémentaires pour consolider la structure de l'immeuble... La facture s'est aussi alourdie car certaines tranches du projet ont pris du retard. Or, engagement avait été pris auprès de la BNP-Paribas, l'un des investisseurs dans les bureaux, que ceux-ci seraient livrés en juin 2014. Pour honorer cette promesse, *« il a fallu* revoir *l'organisation du chantier, ce qui a entraîné des charges supplémentaires »,* explique Roger Madec, président de la Semavip et sénateur (PS) de Paris

4.   <u>ANALYSE LA RECONVERSION DE L'ENTREPOT MACDONALD</u>

4.1.   DESCRIPTION DE LA RECONVERSION DE L'ENTREPOT MACDONALD

Figure 13 : l'entrepot Macdonald source: Semavip

Témoignant de la volante de la ville et de la SAS Paris Nord EST, le master plan réalisé par l'agence OMA permet de transformer l'entrepôt tout en rendant possible le développement d'un nouveau quartier. Le choix a été fait de préserver l'échelle et le volume du bâtiment puis de doubler sa hauteur, pas moins de 82400 m² répartis sur cinq à six niveaux sont créé sur la structure existante, devenue socle urbain, totalisants ainsi 16500 m². Ce parti pris très fort du projet de conservation a motivé une autre orientation fondamentale du master plan : l'évidement du socle à partir du premier niveau, il organise l'ensemble en deux parallélépipèdes séparés par une cours longitudinale sous forme d'un jardin d'agrément pour les logements et des patios pour les bureaux, cette reconstruction autour d'une cour permet une densité bâtie accrue tout en préservant un confort pour les salariés et les résidant. Un tunnel   était créée dans le bâtiment pour permettre le passage du tramway (T3b). La continuité du bâtiment est préservée grâce à la création d'un bâtiment pont construit au-dessus de la faille.

Mr Vincent HERITIER nous explique dans un entretien les raisons qui ont motivées la ville de paris d'opter pour la proposition de l'agence OMA. *« Dans le concours internationale d'idée, la ville de paris a retenue quartes propositions. Ce qui a donnée l'avantage à la proposition de l'agence OMA est cette idée de réutiliser l'ancien entrepôt comme un socle pour le nouveau projet qui vas permettre plus de constructibilité, cette proposition donne la possibilité de mettre en œuvre plusieurs formes spatiales, donc plusieurs typologies de logement et de bureaux, cela été un argument certain dans le choix de l'agence OMA. Ce choix de réutiliser l'ancienne structure s'est confirmé après le début des travaux, en creusant la rampe qui donne accès au sous sols, les aménageurs ont découvert un taux de pollution très élèves du sol, cela est dû a l'histoire du site qui été une ancienne usine de gaz, la dépollution du site est un frein majeur pour la construction d'une nouvelle structure. L'autre atout de cette proposition est la brèche qui a été créée dans l'entrepôt Macdonald. Cette dernière a déverrouillé un certains nombre de possibilités dans le secteur, à savoir créer une liaison entre le projet de la gare RER E via le tramway T3 qui traverse l'entrepôt Macdonald, un verrou important du site viens de sauter».*

Figure13 : Plan de masse de l'entrepôt Macdonald source : SEMAVIP

Le master plan du projet pose les bases de la diversité architecturale, en effet le projet a été séparé en plusieurs lots, et chaque lot a été attribué à un architecte différent avec une certaine liberté dans la conception, l'harmonie et la cohérence de l'ensemble sont assurées par l'agence OMA et son architecte Floris Alkemende , ce dernier a essayer de rapprocher le projet Macdonald au concept de « *Bignes* » qui préconise la scission de l'intérieur et l'extérieur en deux éléments distincts. Dans ce schéma, l'extérieur agit comme agent de désinformation – offrant à la ville la stabilité apparente d'un objet – et l'intérieur relève de l'instabilité d'une organisation dynamique avec des résultats imprévisibles, où «tous les occupants sont connectés de multiples façons, avec l'ascenseur comme un catalyseur ».

4.2. REPARTION DU PROGRAMME DANS L'ENTREPOT MACDONALD

La conception architecturale a permis d'isoler 6 macro-lots qui auront chacun une vocation fonctionnelle autonome correspondant à un découpage par programme fonctionnant chacun de manière indépendante :

- Macro-lot logements
- Macro-lot commerces
- Macro-lot bureaux
- Macro-lot activités
- Macro-lot « immeuble pont » qui correspond à un élément spécifique
- Macro-lot infrastructures, espaces techniques et parking (sous-sols)

Chacun de ces macro-lots sera réalisé sous la maîtrise d'ouvrage d'un ou de plusieurs maîtres d'ouvrages différents et fera l'objet d'un permis de construire distinct. Certains de ces permis seront déposés concomitamment, d'autres feront l'objet d'un dépôt ultérieurement selon

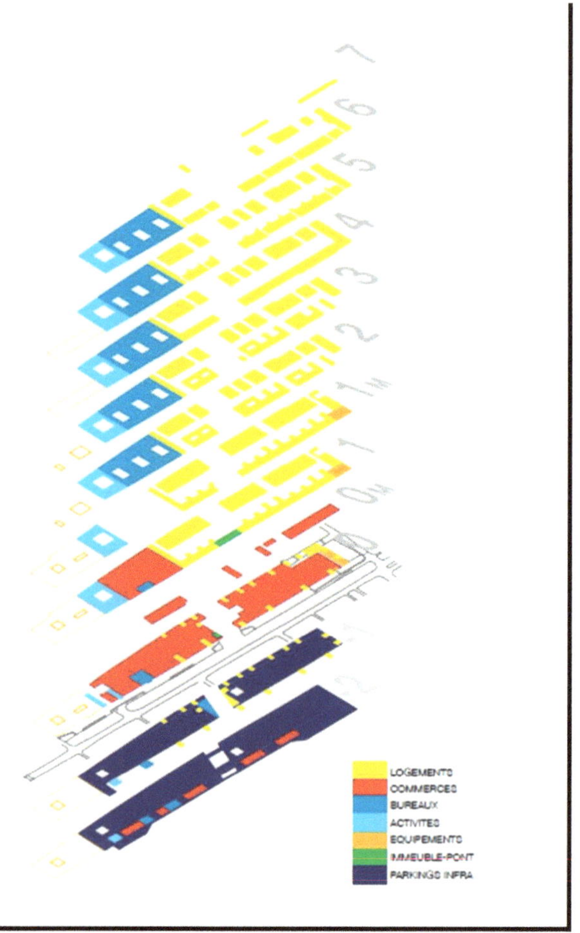

Figure 14 : AXONOMETRIE ECLATEE DE LA REPARTITION DES PROGRAMMES   source :semavip

la programmation de l'entrepôt Macdonald a été pensée a l'échelle d'un plus vaste contexte urbain afin d'apporter en qualité mais également en quantité les fonctions qui lui faisaient défaut, le programme du projet a été répartie entre logements, équipements publics , commerce et activités économiques de la manière suivante :

4.2.1. MACRO-LOT LOGEMENTS

Figure 14 : Organisation des logements au tour d'une cours centrale non accessible

source : SEMAVIP « modifié par l'auteur »

Ce macro-lot comprend l'ensemble de la programmation logements (dont le volume se situe en superstructure à partir Il comprend également l'ensemble des noyaux d'accès aux différents plots de logements depuis l'espace public à rez-de-chaussée et depuis les parkings résidentiels en sous-sols.

Les blocs de logements sont construits en superstructure sur l'ancien entrepôt, ils occupent la partie Est du projet, loin des nuisances sonores des voies ferrées, ils sont répartis sur 11 bâtiments sont tantôt des programmes en accession, tantôt en logement social. Il n'y a pas de mixité à la cage d'escalier, ni au sein d'un même bâtiment avec des cages d'escaliers distincts, ils s'organisent autour d'une cour intérieure qui vise à favoriser la mixité sociale au cœur du projet , cette cours intérieure été accessible dans les plans initiaux du projet mais les investisseurs ont vu dans ce cours une source de problèmes comme l'explique Mr vincent Héritier « Cet espace est important pour le concepteur, on a pu le constater a travers son discours durant nos réunions, pour Mr ALKEMENDE la cours centrale est un espace destiné pour accueillir différents groupes, à des rythmes variables, pour divers usages et offrant des qualités distinctes toutes destinées à stimuler la détente

et les échanges informel, en effet on ne peut niées tout les biens fait de cet espace
,mais pour nous c'est une vrai source de problème et de frais d'entretien imprévus,
liés aux incivilités dans des espaces difficiles à contrôler. On a laissé la possibilité
que cet espace soit accessible de sorte que si un intérêt se manifeste tout de même
avec le temps, leur usage soit alors possible »

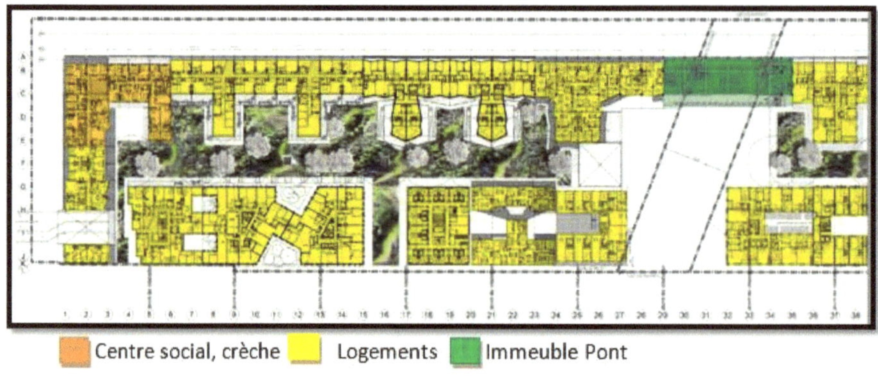

Figure 15 : PLAN D'ENSEMBLE DES LOGEMENTS source : SEMAVIP
« modifié par l'auteur »

4.2.2. MACRO-LOT COMMERCES :

Figure 16 : locaux commerciaux entrepôt Macdonald source : SEMAVIP
« modifié par l'auteur »

Ce macro-lot comprend l'ensemble de la programmation commerciale située à rez-de-chaussée, avec un59.32 500 m² de commerce ont été programmés sur toute la longueur de l'entrepôt au niveau du rez-de-chaussée, comme on peut le constaté sur la figure au dessus dont 28 200 m² SHON d'art de vivre, 2 550 m² SHON de restauration et services, 1 750 m² SHON d'alimentaire. Une diversité au niveau des commerces a été recherché entre petites, moyenne et grande surface ainsi des commerces de proximité et de destination, cette offre en termes de commerce est sensée appuyer l'attractivité du projet et attirer les employés et les habitants du quartier. Equipements publics

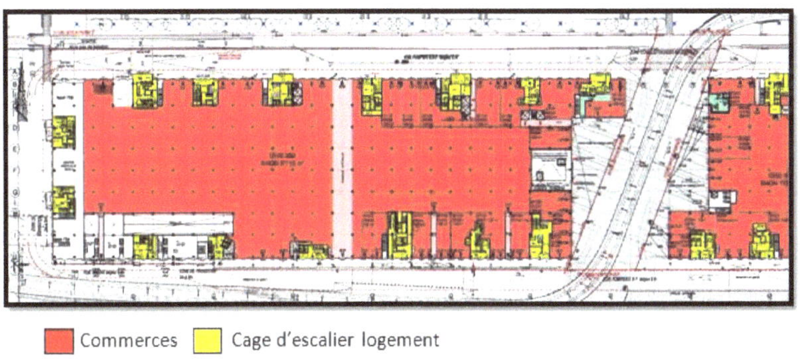

Figure 17 Plan d'ensemble RDC source : SEMAVIP
« modifié par l'auteur »

4.2.3. EQUIPEMENTS PUBLICS :

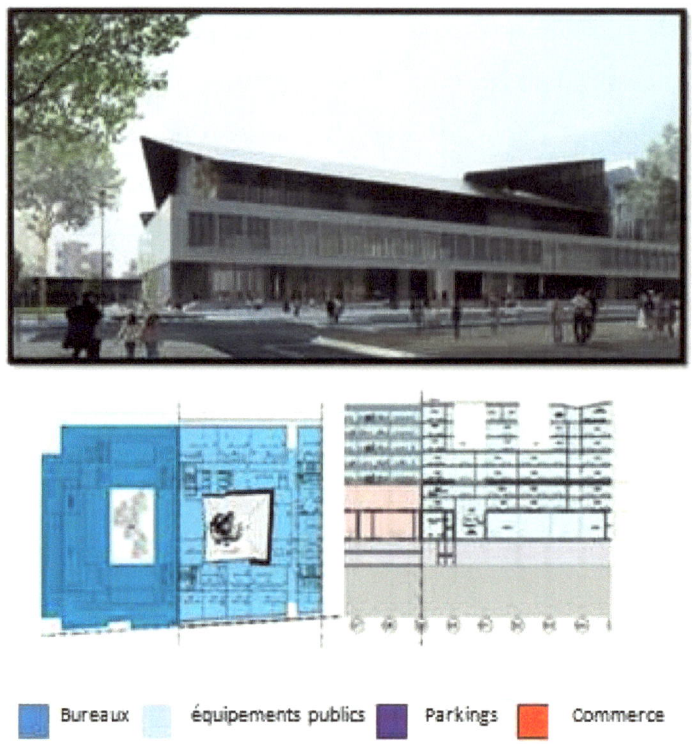

Figure 18 : équipement publics (Collège, une école primaire, un gymnase, salles de sports) entrepôt Macdonald source : SEMAVIP « modifié par l'auteur »

Dans l'extrémité ouest de l'entrepôt Macdonald et sur une longueur de 100 m.On y trouvera un collège de 24 classes, pour environ 600 élèves (4.250 m²), une école primaire de 12 classes (2.150 m²), un gymnase et des salles de sports d'une capacité de 285 personnes (2.200 m²) et un local pour une cinquantaine d'agents de la propreté de Paris (425 m²). Au centre de la construction, deux cours de récréation, pour le collège (1.500 m²) et l'école (1.200 m²).

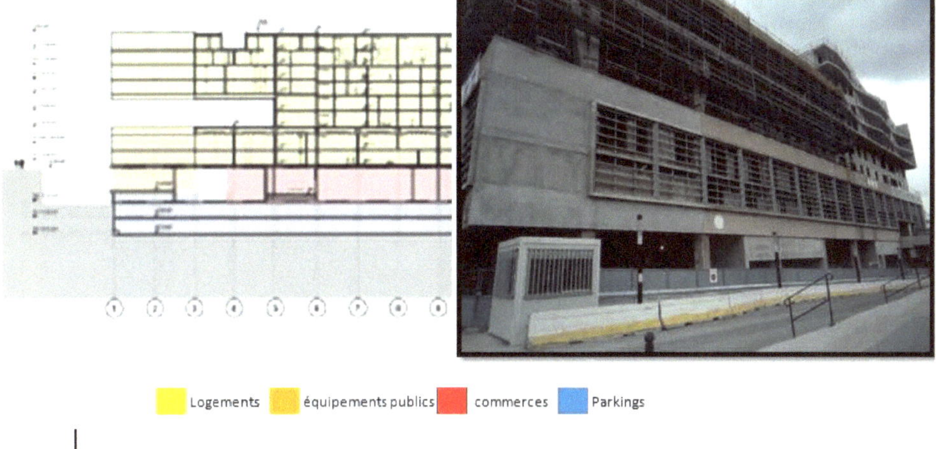

**Figure 19 : équipements publics (centre sociale, crèche) entrepôt
Macdonald** source : SEMAVIP « modifié par l'auteur »

Dans l'extrémité Est du projet et au milieu des logements on trouvera une crèche de 60 berceaux et un centre sociale. Ce centre social aura vocation à être un véritable lieu d'accueil, de convivialité et de participation des habitants autour de leurs projets (activités éducatives, permanence juridique et d'insertion professionnelle, soutien à la parentalité, etc).

4.2.4. MACRO-LOT ACTIVITES ECONOMIQUES

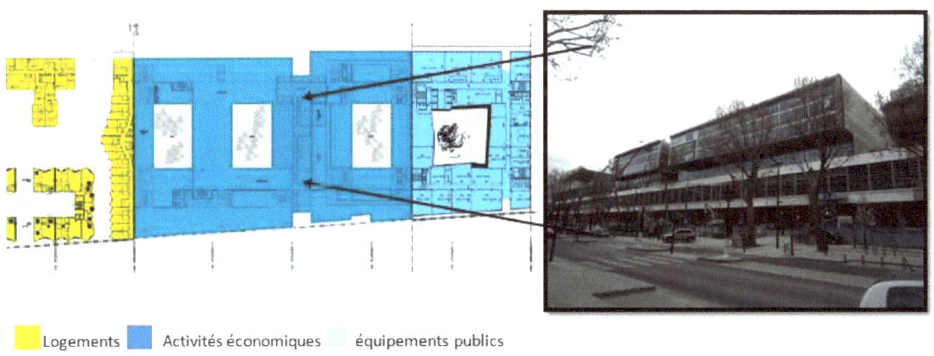

Figure 20 : Bureaux reconversion entrepôt Macdonald source : SEMAVIP
« modifié par l'auteur »

ce macro-lot a pour objet une programmation tertiaire de pépinière et d'hôtel d'entreprises, dont le volume est situé Au milieu du projet à partir du R+1 entre logement et équipement public, un programme de 27 600 m² de bureaux sur 5 niveaux en surélévation répartie sur deux bâtiments qui s'organisent autour d'un patio, on y trouvera dans ce bâtiment des sièges pour des PMI et PME, Il comprend également les noyaux d'accès à ce plot depuis l'espace public à rez-de-chaussée et depuis les parkings

4.2.5. Parkings

1300 places de stationnement ont été prévue au sous sol de l'entrepôt Macdonald , les parkings ont été mutualiser sur la base d'un constat des places non occupées toute la journée : le nombre de parking a été minimiser en accroissant leur taux d'utilisation , où l'on trouve des parkings privés mais soumis à des cahiers des charges imposés au moment des cessions et qui visent à une ouverture au public avec une utilisation rotative de l'espace.

4.3.   ANALYSE DE LA MIXITE FONCTIONNELLE

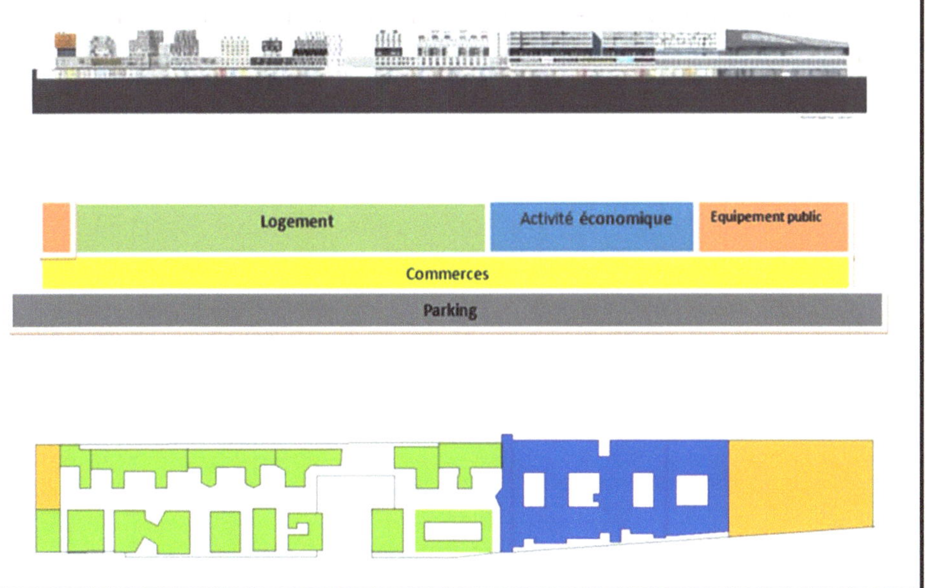

**Figure 21 : Répartition des programmes dans la reconversion de l'entrepôt
Macdonald** Source : FOURA, I

À la lecture du schéma directeur, on constate que le plan s'organise en une succession de tranches programmatiques: équipements publics, activités économiques, logements. Bien que ces programmes soient variés, ils ne se combinent pas entre eux.

Cette répartition programmatique par strates horizontales peut se référer à celle d'une tour   couchée sur son flanc, On remarque deux imbrications des fonctions se trouvent au niveau des commerces qui occupent le rez-de-chaussée de l'immeuble tout on séparant les accès, L'autre forme d'imbrication programmatique et le centre social et la crèche qui se développe au milieu des logements sur deux niveaux tout on gardant la séparation des accès.

A travers la figure ci-dessous (figure23) on remarque que les accès aux différentes fonctions s'effectuent depuis la rue en effet l'absence d'un espace de circulation horizontal commun pénalise le projet les parties du bâtiment restent déconnectées les unes des autres. L'édifice est un ensemble de bâtiments indépendants juxtaposés, chacun possédant son accès individuel depuis la rue. Cette séparation des fonctions pénalise la cohésion entre les utilisateurs du projet. Les salariés ne vont jamais voir que d'autre salariés qui travaillant à proximité, dans le même type de bâtiments.

Les efforts des architectes pour favoriser la vie sociale et les interactions entre les habitants sont restés vains. La cour intérieure qui aurait pu devenir un formidable jardin suspendu reliant les édifices distincts ne sera pas accessible. Malgré les nombreux débats, le plus intéressant des espaces praticables de l'ensemble a été tout simplement interdit par les opérateurs que n'y ont vu qu'un surcoût d'entretien et une source de problèmes.

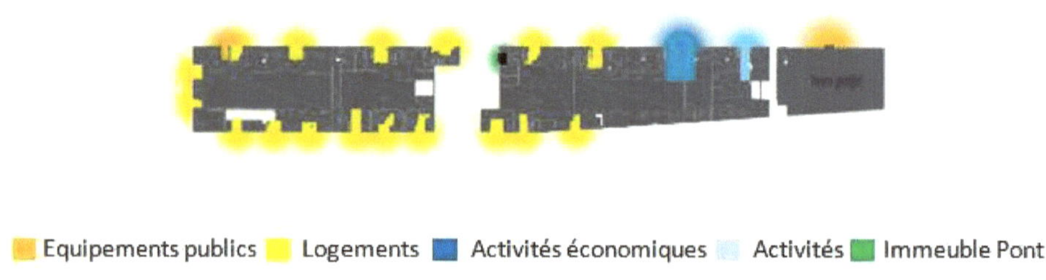

Figure23 : Accès aux différentes programmes source : source : SEMAVIP
« modifié par l'auteur »

Dans un entretien donné au magazine TRACEES, de mars 2013, l'architecte Floris Alkemende concepteur du master plan du projet justifie sa formule de mixité fonctionnelle «*Nous avons exploré diverses formules de mixité et nous avons découvert que les données du contexte environnant imposaient une certaine logique. Là où les voies de chemin de fer sont proches du bâtiment, il est difficile d'envisager du logement. Pour des bureaux et des écoles, dont l'emprise supérieure peut être déployée autour de patios intérieurs, cela pose moins de problèmes. De même, l'orchestration des vues vers Paris présupposait une part de raisonnement programmatique. Bien qu'extrêmement grand, le bâtiment en tant que tel n'est pas excessivement haut. Cette donnée a également des implications programmatiques. Mélanger des programmes dans un même volume oblige à doubler les noyaux de circulation. Dans la mesure où il s'agit du principal facteur de coûts, ce n'est donc possible que si l'on peut travailler sur un volume haut avec assez d'étages pour justifier les investissements supplémentaires. Comme ce n'est pas le cas dans notre projet, nous ne pouvions par exemple pas envisager des bâtiments mêlant bureaux et logements Pour nous, l'essentiel est la vie de quartier que la mixité peut générer. Or, la richesse des échanges ne dépend pas nécessairement de la juxtaposition forcée de programmes dans un même volume »*

Pour Mr HERETIER la réticence des investisseurs face à une mixité fonctionnelle est du au retour d'expérience des projets mixtes qui ont été construit dans les années 70 c'est-à-dire des grands lots avec des galeries commerçantes et au-dessus des bâtiments sociaux et des petits équipements, ces dernier ont été mal gérés dans la découpe et qui ont surtout mal vieilli « Les copropriétés sont tellement enchevêtrées que lorsqu'il y a le moindre problème (une fuite d'eau), on ne sait pas qui doit financer la réparation. Par exemple, un propriétaire ne pourra pas revendre son logement s'il y a des parkings communs avec les bureaux ou si les parties communes ne sont pas bien entretenues. Cela génère des formes de copropriétés complexes qui font peur aux investisseurs. Depuis les années 1990-2000, on fait donc un immeuble de bureaux, un immeuble de logements.»

5. <u>CONCLUSIONS</u>

La complexité de la mixité fonctionnelle exige la gestion de plusieurs niveaux de réflexion, il faut appréhender le projet mixte à différentes échelles. Il faut tenir compte de l'espace externe du territoire. La programmation de l'entrepôt Macdonald a été recherché à l'échelle d'un contexte urbain très large qui est celui du GPRU Paris Nord-Est, ce dernier apporte au site des nouvelle fonctions qui lui faisaient défaut, l'entrepôt Macdonald s'intègre bien dans son environnement, cette intégration est visible à travers la complémentarité du projet avec les autres secteurs du Paris Nord-est. Le plus proche d'entre eux c'est la ZAC Claude Bernard, cette dernière va drainer un flux important de salariés. Ils trouveront dans la proximité de l'entrepôt Macdonald de nombreuses ressources quotidiennes. L'attractivité de l'entrepôt Macdonald se situe notamment dans l'offre des équipements publics, les services et les commerces qui l'arbitrent. Cette richesse en termes d'équipements est renforcée par la salle de cinéma qui va apporter une nouvelle fonction au programme. L'aspect complémentaire du projet à son environnement et la richesse de son programme sont une bonne promesse de dynamiques économiques.

Concernant le mode de fabrication de la mixité fonctionnelle, la configuration de l'entrepôt Macdonald a permis de créer plusieurs bâtiments mono fonctionnel indépendants l'un de l'autre, avec une privatisation accrue des espaces partagés et dans lequel seule la rue, à l'extérieur du projet est un espace de rencontre. On peut conclure que l'entrepôt Macdonald qui visait pourtant une véritable mixité de programmes, de logique sociale et de relation de voisinage est finalement en train de devenir un quartier similaire à une opération de macro-lot « à la française » ou la cohabitation entre habitants et employés est inexistante.

5.1. LES FREINS DE LA REALISATION DES BATIMENT MIXTE EN France

le choix de l'architecte pour cette forme de mixité fonctionnelle a été orienté dès le départ, ce dernier qui a réalisé un grand nombre de bâtiments mixtes inspirés du modèle anglo-saxon a trouvé des difficultés pour reproduire ce modèle en France, il a été obligé de s'adapter aux freins qui s'opposaient à la création de la mixité fonctionnelle au sein du même bâtiment, ces freins sont de nature diverses ;

5.1.   RETICENCES DES INVESTISSEURS

- La mixité fonctionnelle au sein du même bâtiment va à l'encontre des souhaits des investisseurs, qui préfèrent les bâtiments qu'ils maîtrisent complètement, avec un seul locataire.
- Les bailleurs ne souhaitent pas un démembrement de leur propriété, avec des rez-de chaussée dont les droits réels pourraient appartenir à d'autres.
- la faible demande pour les produits mixtes. Les grands investisseurs et les grandes entreprises utilisatrices ne privilégient pas la cohabitation dans un même immeuble avec les habitants de logements. Plutôt qu'être copropriétaires avec des particuliers, ils préfèrent être seuls dans un immeuble, ou avec d'autres entreprises qui ont les mêmes attentes qu'eux.
- Les contraintes d'aménagement liées aux exigences de sécurité et à la réglementation incendie entraînent des coûts de construction supplémentaires ; duplication des accès (ascenseurs et cages d'escalier) aux différents programmes et installation de séparations CF (coupe feu).

5.2.   FREINS JURIDIQUES

- Le PLU exige un COS qui est très faible pour la création d'un projet mixte, l'absence d'une réglementation spécifiques en thermes de densité pour ces derniers pénalise la mise en œuvre de la mixité fonctionnelle.

- Les réglementations sont différentes entre l'immobilier d'entreprise et le logement, qu'il s'agisse des règles de construction, des règles de sécurité et même de la fiscalité.

- Un ensemble de bureaux est, par exemple, considéré comme un Immeuble de Grande Hauteur (IGH) à partir de 28 mètres, un immeuble à usage d'habitation à partir de 50. Ces différences font qu'il est souvent plus simple et moins coûteux de ne faire qu'un immeuble de bureaux ou qu'un immeuble de logements, plutôt qu'un immeuble mixant les deux.

5.2.1. DIFFICULTES DE GESTION

la gestion des copropriété est le frein moteur de la mixité fonctionnelle en France, la mutualisation des espaces est très difficiles à gérer à cause d'une réglementation ambiguë et des investisseurs qui ne veulent pas prendre de risques et des habitants qui refuse de partager les espaces, par exemple niveau des pieds d'immeubles des intérêts totalement contradictoires en termes d'accès. Les aménageurs doivent gérer l'ensemble de ces intérêts parfois divergents, tout en se confrontant à la gestion assez complexe sur le plan juridique des droits de vue et de servitudes, la forte densité constitutive du projet ne pouvait se faire au détriment des vues de chaque bureau et de chaque logement.

5.2.2. FREINS HUMAINS

Outre la législation et la réglementation qui compliquent la donne, le frein reste humain, car sont bien les utilisateurs qui, par leurs pratiques, leurs initiatives et leurs modalités d'appropriation de l'espace, vont définir le degré d'aboutissement de la mixité fonctionnelle, il est essentiel qu'elle soit facile à mettre en œuvre puis facile à vivre. Chacun veut bien se mélanger mais de préférence avec des acteurs qui lui ressemblent, avec les mêmes attentes et des intérêts similaires.

5.2.3. PROPOSITION POUR DEPASSER LES BLOCAGES

Face à cette multitude de contraintes, la mise en œuvre de la mixité fonctionnelle au sein du même bâtiment apparaît difficile à réaliser en France, quoique cette forme de mixité fonctionnelle soit la plus efficace surtout si on se réfère à l'expérience des pays anglo-saxons, elle reste une réponse parmi d'autres. II n'est pas indispensable d'imbriquer des programmes différents dans tous les bâtiments ; on peut atteindre les objectifs de la mixité fonctionnelle à travers le quartier mixte ou la macro lot à condition d'améliorer ce modèle, ce dernier peut représenter une réponse à un certain nombre de contraintes de production de la ville mixte, dès lors que ces quartiers mixtes assurent une interaction entre les habitants et les différents utilisateurs du projet. Cela nous renvoie à la question copropriétés et la manière dont on cède la production de la ville. De nos jours l'aménageur aménage et ensuite il cède à des copropriétaires le produit, un produit trop cher. Pour répondre à la problématique de la gestion des espaces communs (la cours centrale dans notre cas d'étude). Il faut imaginer des systèmes qui font autre chose que « je produis et je cède , mais qui suis plutôt des dispositifs qui portent sur la durée des macros-lot, pas des copropriétés mais des sortes de société publique privée qui assurent la garantie de fonctionnement à long terme, plutôt que de la renvoyer à la collectivité . Ces espaces centraux peuvent être réalisés à proximité des fonctions génératrices de flux tels que les commerces, les services, et les équipements de divertissement (salle de sport, gymnase), l'intérêt de ce genre d'espace et la création d'une interaction entre les différents utilisateurs du projet.

Les documents d'urbanisme (PLU, PLH et SCOT) peuvent favoriser les mixités. Les PLU pourraient être plus incitatifs quant à la mixité fonctionnelle, par exemple, en mettant en place une réglementation spécifique pour les quartiers mixtes en terme de densité et de hauteurs.

Il n'existe pas une recette pour réussir la mixité fonctionnelle, c'est au cas par cas, chaque projet et ses contraintes, mais il est indispensable d'avoir une volonté politique forte. Les élus sont bien conscients des biens faits de la mixité fonctionnelle dans la construction de la ville sur la ville que, il faut résister à la logique des investisseurs, il leur faut être fermes, c'est-à-dire en capacité d'affirmer la primauté de la dimension politique du projet d'aménagement face à ses dimensions financières.

6. <u>BIBLIOGRAPHIE</u>

ASCHER Francois , *Métapolis ou l'avenir des villes,* **(1995).**

BANZO Mayte, VALETTE Elodie, L'éco urbanisme face aux espaces non bâtis : Enjeux de la mixité ,(2012).

BECUE Vincent, TELLER Jaque , *Comment concevoir un quartier « multifonction » pour promouvoir un développement urbain durable ?,* **(2011)**

BEHAR Daniel, ESTEBE Phillipe, RIO Nicolas, *La mixité économique comme volonté et comme représentation. Des villes nouvelles aux clusters en Île-de-France. (1963-2013).* **(2011)**

BUCKI Emmanuel, *J'habite près du bonheur, c'est mon secret pour être heureux!,Imaginer un quartier durable,***2009**.

CAVACO Sandra, Trajectoires individuelles des licenciés économiques : évaluation économétrique d'une politique active d'emploi,2013

CERTU, *la requalification des espaces commerciaux.premiers enseignements et retours d'experience,*2013.

CLARK Terry Nicolas et al, *Amenities drive urban growth. Journal of urban affairs,*2002

FLORIDA Richard , *The rise of the creative class,*2003.

HALLA Ibtissem, *la mixité urbaine dans les quartiers d'habitat contemporains,*2007.

INSTITUT D'AMENAGEMENT ET D'URBANISME(IAU),. *la mixité fonctionnelle un objectif à définir au cas par cas. N12,* 2011.

Kain Jack. « Housing Segregation, Negro Employment, and Metropolitan Decentralization», Quarterly Journal of Economics, vol. 82, 175-197.1968

LABUSSIERE Simon, CHOULET Ingred , *Les Cahiers de la chaire Immobilier et Développement Durable; L'immobilier dans la ville de demain vers de nouveaux usages et partages,*n 02,2013

Le Centre d'échanges et de ressources pour la qualité environnementale des bâtiments et des aménagements en Rhône-Alpes, *LES MIXITES : DEFINITIONS ET ENJEUX* ,Rhône-Alpes, 2008.

LOOTSMA Bart , *Blank account : De Rotterdam, by OMA in Rotterdam,* 2012.

LUCAN Jaques , *marier forme urbaine et mixité,* 2012.

MARSHALL Alfred, *Principles of economics, London: MacMillan,*1890.

MORANDEAU Vincent, *Des éco-quartiers pour transformer la ville,*2010.

PALISSE Jean, *LA MIXITÉ, UN ENJEU POUR LA VILLE ? ,* 2012.

Paris Nord-Est, Entrepôt Macdonald,2014

PLAN URBANISME CONSTRUCTION ARCHITECTURE(PUCA), Mixité fonctionnelle versus zoning : de nouveaux enjeux ?2011

PLAN URBANISME CONSTRUCTION ARCHITECTURE(PUCA), Mixité fonctionnelle et flexibilité programmatique, 2011.

SEMAVIP,*dossier de presse,la reconversion de l'entrepot macdonald.*2008.

7. <u>SITOGRAPHIE</u>

http://franck-boutte.com/?p=800.

http://www.paris.fr/pratique/urbanisme/documents-d-urbanisme-plu/p6576

http://www.icade.fr/references/logement/entrepot-macdonald-paris-750193

http://www.semavip.fr/nos-projets/les-projets-en-cours/entrepot-macdonald/synthese-projet

https://www.espazium.ch/traces/user/login?destination=user/4871/edit

http://quartierdurable.blogspot.fr/2009_09_01_archive.html.

http://www.francoisleclercq.fr/

http://www.oma.eu/

8. <u>TABLE DES ILLUSTRATIONS</u>

5. **Table des matières**

www.ingramcontent.com/pod-product-compliance
Lightning Source LLC
Chambersburg PA
CBHW040925110726
48006CB00001B/62